Contraste insuffisant
NF Z 43-120-14

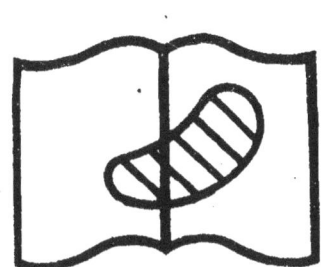

Illisibilité partielle

Valable pour tout ou partie
du document reproduit

Original en couleur
NF Z 43-120-8

SOCIÉTÉ DE GÉOGRAPHIE DE LA ROCHELLE

1789

LETTRES INÉDITES

D'UN ARMATEUR ROCHELAIS

PUBLIÉES PAR

DE RICHEMOND

Archiviste départemental, Correspondant du ministère, Délégué cantonal

LA ROCHELLE

IMPRIMERIE A. SIRET, RUE DE L'ESCALE, 21

1889

1789

LETTRES INÉDITES

D'UN ARMATEUR ROCHELAIS

PUBLIÉES PAR

DE RICHEMOND

Archiviste départemental, Correspondant du ministère, Délégué cantonal

---

LA ROCHELLE
IMPRIMERIE A. SIRET, RUE DE L'ESCALE, 23

1889

1789

LETTRES INÉDITES

D'UN ARMATEUR ROCHELAIS

Pour l'érudit, un document est précieux, dès qu'il est authentique, mais pour le public, il n'est précieux que si, étant d'ailleurs authentique, il apporte quelque lumière nouvelle sur un point quelconque de notre histoire nationale.

On a dit, avec raison, que pour bien revoir cette grande époque de 1789, il faudrait pouvoir revivre parmi nos pères, retrouver leurs sentiments, leurs espérances et jusqu'à leurs illusions, tout regarder avec leurs yeux, ne demander qu'à eux-mêmes ce qu'ils ont voulu, ce qu'ils ont fait, se figurer que 1789 est le présent, ignorer les années qui ont suivi, se garder même du langage moderne, redevenir en un mot, pour quelques instants, des Français d'alors.

Nous avons les cahiers de doléances, les délibérations, les procès-verbaux, les gazettes du temps, les relations officielles, les récits de Dupont, Massiou, Jourdan, Delayant...

Il nous a paru qu'il restait peu à apprendre sur les faits eux-mêmes, mais qu'il pouvait être bon de recueillir l'impression qu'ils avaient produit sur les contemporains, de fixer, sans apprêts, sans altération, le témoignage d'un contemporain bien informé à un ami qui partageait ses sentiments, ses convictions et ses enthousiasmes, d'écouter 1789 raconté par un Rochelais à un de ses concitoyens, dans une correspondance intime.

Les lettres, dont nous publions des extraits, ont donc été adressées par un armateur de notre ville, député de l'Ile de France à l'Assemblée constituante, maire de la Rochelle en 1795, Samuel-Pierre-David-Joseph de Missy (1) à son cousin de Richemond (2), qui prenait un vif intérêt aux importants débats de cette époque, qui, notamment, était l'auteur d'un mémoire à la Chambre de Commerce intitulé « Idées et vœux de quelques citoyens » (3) et devait entrer dans les conseils du commerce et de la cité.

---

(1) Né le 30 octobre 1755, décédé le 3 octobre 1820.

(2) Né le 28 janvier 1740, décédé le 28 août 1807.

(3) M. Emile Garnault, secrétaire-archiviste de la Chambre de Commerce de la Rochelle, publie ce document dans son intéressante histoire de la *représentation commerciale,* actuellement en cours d'impression.

I

A Monsieur de Richemond, à La Rochelle.

Paris vendredi au soir, 13 novembre 1789.

Je vous ai écrit, mon cher ami, mardi dernier, lendemain de mon arrivée ; depuis, j'ai fait des visites, vu les spectacles et entrevu ce matin l'Assemblée nationale, car je n'ai pu y obtenir de place.

Je fais, dès ce soir, cette lettre, attendu que je compte, demain matin à huit heures, être rendu à l'Assemblée nationale, la séance sera intéressante, M. Necker (1) devant y venir proposer son plan de banque nationale contre lequel il y a déjà une cabale formidable à la tête de laquelle on prétend qu'est M. de Mirabeau. (2) Vincens me disoit ce matin qu'il craignoit beaucoup que ce plan ne fut pas adopté ; la Caisse d'escompte paroît jouer de son reste.

On secoue tant et plus le clergé, la séance de ce matin y a encore été employée. Du reste il paroit que l'Assemblée nationale, le Roy et les Ministres sont assez d'accord, Paris est tranquille.

M. Alquier me fit hier une très longue visite, il prétend, et je suis de son avis, que le Comité permanent de la Rochelle auroit du s'emparer de l'administration de la Province et ne plus rien laisser faire aux intendants ou à leurs re-

---

(1) Jacques Necker, né le 30 septembre 1732, décédé le 9 avril 1804.

(2) Honoré-Gabriel Riquetti comte de Mirabeau, né le 9 mars 1749, décédé le 2 avril 1791.

présentans. J'ai rencontré ce matin M. Griffon (1) qui paroît craindre que ce ne soit encore le Reverseaux (2) qui fasse le département.

J'ai vu représenter hier la tragédie de *Charles IX* ou *la Saint-Barthelemy*, (3) les prêtres y sont terrassés, la pièce est en général bien faite, beaux vers, belles idées, cependant elle demande à être retouchée, le dernier acte retrace trop cette scène d'horreur, le cardinal de Lorraine donne sa bénédiction aux soldats destinés à exécuter cet acte sanguinaire. Le tocsin sonne, vous jugerez de l'impression que cet ensemble est fait pour causer. On s'étoit opposé à ce que la pièce fut jouée, mais la cabale pour, l'a emportée. On la donne tous les deux jours.

............................Dy....

II

Paris, 17 novembre 1789.

J'ai reçu, mon cher ami, la lettre que vous m'avez fait l'amitié de m'écrire le 10.........
....

M. Necker fut à l'Assemblée nationale samedi dernier et y lut son plan de banque nationale,

---

(1) Pierre-Etienne-Lazare Griffon, seigneur de Romagné, en la paroisse de Saint-Xandre, des Mothais, Mézeron, Ponthezière et autres lieux, conseiller du Roi, maître ordinaire en la Chambre des comptes de Paris, lieutenant-général de la sénéchaussée et siège présidial de la Rochelle, et Charles-Jean-Marie Alquier, premier avocat du Roi en la sénéchaussée et siège présidial, procureur du Roi au bureau des finances, maire et colonel de la ville de la Rochelle, avaient été élus députés pour le Tiers-Etat de la

il sera discuté vendredi et samedi prochain et je tâcherai d'y être. Vous aurez su que le Parlement de Rouen a demandé grâce et qu'elle lui a été accordée. Il n'en sera pas de même de celui de Metz, qui, toutes les chambres assemblées, vient de faire un arrêté scandaleux et tendant à allumer la guerre civile, il va être relancé d'une rude manière. On s'occupe à force des municipalités et des assemblées provinciales, mais les incidents qui surviennent retardent l'Assemblée nationale dans sa marche. Les intendants sont décidément f.... et si l'assemblée provinciale d'Aunis ne peut être établie sous peu, ce sera M.... maître des requêtes, homme honnête, m'a dit M. Griffon, qui ira faire le département. M. Alquier m'a fait une visite de deux heures, je la lui ai rendue par un billet, ainsi j'espère qu'on ne dira pas que je suis venu auprès d'eux en députation. Que dit-on encore de mon départ ? Suis-je venu pour les deux objets en question ?....................

.... Dy....

III

Paris, 18 novembre 1789.

Je vous ai écrit hier, mon ami, et le soir j'ai reçu votre lettre d. 12....................

---

ville et gouvernement de la Rochelle, le 16 mars 1789. Griffon fut vice-président de l'Assemblée nationale.

(2) Jacques-Philippe Isaac Gueau de Gravelle marquis de Reverseaux, né en 1789, décapité en 1794.

(3) Marie-Joseph de Chénier, né le 28 août 1764, mort le 10 janvier 1811.

On assure la ville de Gand prise par vingt mille patriotes qui marcheront ensuite sur Bruges et Ostende.... Il y a eu, hier soir, un tapage infernal à l'Assemblée nationale.... Dy.

21 novembre.

Il y a eu, hier soir, une assemblée à la caisse pour faire le rapport de l'examen du plan proposé par M. Necker, j'en ignore le résultat. Ce plan a du être également discuté hier à l'Assemblée nationale, il a du aussi en être proposé deux autres, dont un est très séduisant, par conséquent moins solide....................

Dites à Thouron (1) qu'il prévienne M. de Cointes que j'ai reçu la traite de 7108.17.6 (2) et qu'aujourd'hui on m'en comptera le montant que je remettrai demain au président de l'Assemblée nationale, mais que très probablement, je ne rendrai pas la lettre des volontaires à ce président, en ce que je ne veux pas faire donner un ridicule au comité en exercice, cette lettre n'étant pas du tout dans la forme convenable. On voit que c'est du Cavazza — « *Monseigneur le Président.* » Ce n'est pas reçu.

....

Le Parlement de Metz est mandé à l'Assemblée nationale. On assure les gardes du Roy

---

(1) Pierre Thouron, négociant, capitaine des volontaires, se signala par ses dons patriotiques, en 1793, comme de Missy, Van Hoogwerff, de Chassiron, Garesché, Harouard et Rasteau. Il demeurait rue Porte-Neuve et de Missy rue de l'Escale.

(2) De Missy, capitaine de la première compagnie des volontaires rochelais devait, à ce titre, remettre au Président de l'Assemblée nationale leur don patriotique.

rappelés. Sa Majesté les demande depuis longtemps et M. de La Fayette (1) a témoigné aux districts la nécessité de se rendre à son vœu, on craint qu'il n'en résulte quelque chose de fâcheux ; je l'ai vu ce pauvre Roy, il a l'air bien ennuyé. Les Brabançons se battent comme des enragés. On assure qu'ils ont trois armées de 15 mille hommes chacune. M. de la Fayette fut hier dans tous les districts, il y pérora longtemps, il invita à se tenir sur ses gardes et il prévint qu'il alloit faire mettre trois pièces de canon sur le Pont-Neuf, lorsqu'elles tireront, la générale battra et tous les citoyens devront se mettre sous les armes, on craint une insurrection, on soupçonne les Parlements et le Clergé de manœuvrer et on dit que d'ici au 28 il y aura encore une révolution ; ce qu'il y a de certain, c'est qu'il y a un bien grand nombre d'anti-patriotes, j'en vois tous les jours qui voudroient la restauration de l'ancien régime ; tenons-nous sur nos gardes : on ne peut se dissimuler que l'Assemblée nationale frappe trop d'intérêts et d'intérêts majeurs pour que ceux qu'elle attaque ne se défendent pas, nous ne devons pas être sans crainte et sans surveiller attentivement. Avez-vous lu le mémoire de M. Mounier ? (2) Il me paroît d'un honnête homme...

Dy.

---

(1) Marie-Jean-Paul-Roch-Yves-Gilbert Motier marquis de la Fayette, général, né le 6 septembre 1757, décédé le 19 mai 1834.

(2) Négociant rochelais, membre de la Société d'agriculture.

IV

Paris, le 28 novembre 1789.

Je vous ai écrit, mon cher ami, le 21 de ce mois, depuis j'ai reçu vos deux lettres des 17 et 21 du même auxquelles je vais répondre...

J'ai trouvé dans votre première, mon ami, un exemplaire du mémoire dont vous m'entretenez, depuis M. Alquier est venu me voir pour le même sujet, nous sommes de votre avis à certains égards ; mais tant de gens abusent du malheureux moyen dont il s'agit pour se dispenser de payer leurs dettes et même pour s'enrichir, qu'on ne sauroit être trop sévère. Cependant la peine à encourir par les enfans de l'homme dans le cas en question est révoltante, je l'ai dit à Alquier et il pense, comme moi, que la loy éprouvera des modifications à ce sujet. Je ne peux m'étendre avec vous ici, comme je le voudrois, sur ce chapitre, nous en causerons à la Rochelle.

... Rien n'est encore décidé relativement au plan de banque nationale proposé par M. Necker, il en a été présenté plusieurs autres. Les commissaires nommés par l'Assemblée nationale pour l'examen des faits et de la situation de la Caisse d'escompte, ont achevé hier au soir à 11 heures leur besogne (Vincens est rentré à cette heure).

Le résultat est très en faveur de cet établissement, le Mirabeau qui devoit s'élever contre la députation faite lundi par la commune à l'Assemblée nationale, n'a pas dit un seul mot, on pourroit en conclure qu'il a senti, comme tous les bons citoyens, les services importants qu'elle a rendus à la Nation. Les actions ont repris de suite, on semble espérer qu'elle sera conservée, ou du moins que la banque nationale sera élevée sur ses fondements, ce sera discuté la semaine prochaine.

La commune ou la municipalité de Metz a député à l'Assemblée nationale pour demander le pardon de son Parlement. Ils ont été admis à la barre, lundi ou mercredi à 4 heures, mais comme le Parlement d'Aix vient aussi de s'émanciper, je ne doute pas qu'on ne fasse un exemple. Il paroît même que ces différentes cours étoient d'accord pour tâcher d'opérer une nouvelle révolution, je crois cependant que les aristocrates commencent à désespérer. La sage prévoyance de M. de la Fayette, son zèle, son patriotisme et son activité, nous rendent la sécurité. Ce jeune héros a été dans tous les districts, les a pérorés, les a engagés à la surveillance. Je l'ai entendu parler lundi pendant demie heure, il vint au district des Petits-Pères, il sortit au bruit des applaudissements de toute l'assemblée, j'étois en vérité tenté de me jeter sur lui pour l'embrasser. Il avoit dit les choses les plus touchantes et les plus vraies et cela d'abondance.

Quel dessein peut-on avoir eu en lâchant que j'avois une mission à Paris relative aux volontaires nationaux, quelle est là dessus votre idée ? Vous me paroissez en avoir une.

....

L'Assemblée nationale s'occupe avec suite des municipalités et des assemblées provinciales, on se flatte que le travail pour les premières sera achevé le 15 du prochain.

J'ai été voir la Bastille, les tours sont presque au niveau des fossés, en sorte que ce monument

affreux ne tardera pas à disparoître. Les gardes du corps ne viennent pas. Suivant les dernières nouvelles, le Brabant est purgé d'impériaux, les Anglois, les Hollandois ont beaucoup contribué à favoriser cette révolution, les déserteurs françois, dont le nombre est considérable y ont également coopéré. On assure que l'Empereur vient d'offrir aux Brabançons de les rétablir dans leurs anciens droits et prérogatives, mais c'est fini, ce pays est perdu pour lui, le b.... le mérite bien. On arrête tous les jours des gens suspects, lundi M. de Comeras, chevalier de Saint-Louis, attaché au comte d'Artois fut rarêté, mais il eut le temps de brûler ses papiers. L'affaire de M. de Besenval va être jugée. C'est un vieillard de 78 ans, il est tranquille et serein, on croit qu'il sortira victorieux. L'exemple des volontaires nationaux de la Rochelle et de ceux d'Issoudun a engagé l'Assemblée nationale à donner ses boucles d'argent, on ne voit plus que des boucles de cuivre, on arrête dans les rues ceux qui en ont d'argent, ce qui a donné lieu à des vols et des infamies, il n'est pas plus permis de porter des chaînes d'or, etc. Si la révolution annoncée pour le 25 étoit fondée, M. de La Fayette l'a déconcertée. Dans son discours de lundi dernier, il dit : « Ne nous
» dissimulons pas que les partisans de l'ancien
» ordre voudroient et ne désespèrent pas de le
» voir renaître, leurs tentatives jusqu'ici ont été
» infructueuses, mais ils veulent tâcher d'y
» parvenir en allumant parmi vous le feu de la
» discorde, restons donc unis, MM. et rendons
» leurs efforts inutiles, etc., etc. » Ce cher La Fayette me tira des larmes des yeux.

V

Paris, 5 décembre 1789.

Je n'ai point donné cours à votre lettre pour le rédacteur du *Journal de Paris*, ou du moins à la copie de celle que vous avez écrite à M. de Mirabeau et ce par trois raisons. La première c'est que je ne puis me charger de cette commission ; (vous connoissez mes principes) si au moins vous aviez écrit à ce rédacteur et mis l'adresse, j'en aurois été quitte pour mettre la lettre à la petite poste, mais ce n'est pas à moi à coopérer à la propagation de la traite et de l'esclavage. La seconde c'est qu'il y a une assertion fausse, dans votre lettre à M. de Mirabeau, que, je le sais bien, vous avez extraite d'une lettre de Nantes ou écrite de Paris à Nantes, *il est donc faux* que l'intention des amis des noirs et de l'Assemblée nationale soit de faire entretenir les colonies de noirs par les étrangers, on veut au contraire en empêcher absolument l'introduction, au reste on voit bien que ce sont les ennemis du genre humain qui ont chargé ainsi les protecteurs des africains. *Troisième raison.* Il était inutile d'envoyer votre lettre au rédacteur du *Journal de Paris*, il ne l'y auroit pas insérée, attendu que sa feuille ne suffit pas aux objets qui se traitent à l'Assemblée nationale, je suis sûr de ce que je vous avance. Au surplus, mon cher ami, pourquoi n'avez-vous pas adressé directement votre paquet au Rédacteur ? Ce me sembloit beaucoup plus simple... En voilà assez sur le chapitre noir. Je vous assure, pour finir, que partie de la lettre écrite de Paris à Nantes est fausse.....

M. Griffon m'a envoyé un billet de député extraordinaire à l'Assemblée nationale, ce qui m'y donne mes entrées, il ne faut pas moins y aller de grand matin pour y trouver place. J'y fus hier à 10 heures, je restai à la porte jusqu'à 2, qu'enfin je parvins à entrer. M. Duchatelet rendit compte de l'examen de la situation de la Caisse d'escompte. L'évêque d'Autun (1) monta ensuite à la tribune et en sortit honni, non pas qu'il n'eut très bien parlé, mais il déclina des principes dignes d'un prêtre, il proposa une espèce de petite banqueroute. M. Anson (2) parla plus sainement et défendit avec chaleur la Caisse d'escompte. Je ne sais si aujourd'hui on terminera quelque chose relativement aux finances.

.... Dy.

VI

Paris, 8 décembre 1789.

Depuis ma lettre du 5 de ce mois, j'ai reçu, mon cher ami, la vôtre du 1er. Vous m'y parlez d'une nouvelle adresse faite par notre commerce à l'Assemblée nationale relativement aux noirs ; comme je suis l'ami de ceux-ci, je trouve, comme vous, que dans la première comme dans la seconde, il y a des choses qu'on ne devoit ni dire ni avoir l'intention de faire ; je vous ai déduit dans ma dernière les motifs qui m'ont empêché d'envoyer votre lettre au rédacteur du journal, vous ne devez avoir aucun regret parce qu'indépendamment des assertions fausses dont la méchanceté avoit chargé les amis des noirs, je ne puis que vous répéter que le journaliste ne l'auroit pas insérée dans sa feuille, on n'y peut

---

(1) Charles-Maurice de Talleyrand Périgord, 1754, mort le 17 mai 1838.

(2) Receveur général, député de Paris.

plus placer maintenant que de très petits articles. Vous avez d'autres moyens de donner de la publicité à votre lettre. Je vous prie de répandre qu'il est faux et de toute fausseté qu'on ait eu l'intention de faire pourvoir les colonies de noirs par les étrangers, ce seroit d'un but infiniment louable (qui est la suppression de la traite en elle-même) en faire un acte de méchanceté : il est tout aussi faux qu'on ait demandé que la motion fut soutenue par dix mille hommes armés. Entre nous, comme M. Goguet (1) est directeur de la Chambre et *noble*, il a adressé à M. de Malartic (2) toutes les pièces concernant la traite, j'ai été chez celui-ci pour voir la dernière adresse à l'Assemblée, mais je ne l'ai pas trouvé.

..... On reviendra sur le décret qui a donné lieu à votre mémoire, du moins tant qu'aux enfants, j'en causai longuement dimanche avec M. Griffon qui le pense ainsi.

Le plan de M. Necker ne pourvoit pas à tout. M. Delaborde en a lu un samedi qui embrasse (3) tout et qui d'abord a plu, aussi a-t-on nommé des commissaires pour l'examiner et en rendre compte demain, il trouve maintenant beaucoup de contradicteurs : il est temps néanmoins de prendre un parti, je ne sais comment on vit... Vous savez et vous l'éprouvez combien il est difficile de se procurer de l'argent à La Rochelle, ce n'est pas plus aisé à Paris, les écus y sont

---

(1) Joseph-Denis Goguet, maire.

(2) Ambroise-Eulalie vicomte de Malartic, maire et député, né le 27 juillet 1737, a écrit un journal du 14 avril au 31 septembre 1789.

(3) François-Louis-Joseph, marquis de Laborde-Méreville, mort en 1801.

introuvables… Fox (1) est venu à Paris, du moins on l'assure, mais il n'y est plus. Les anglois paroissent persuadés que la traite sera supprimée en Angleterre……………………………

Dx.

VII

Paris, 15 décembre 1789.

Je ne vous ai pas écrit, mon cher ami, depuis le 8 de ce mois. J'ai aujourd'hui à répondre à vos trois lettres des 3, 5 et 8, qui me sont parvenues sans retard…. Je vous remercie d'avoir communiqué à M. de Cointes ce que je vous avois dit concernant M. de La Fayette, ma demande en faveur de ce héros n'a pas eu de succès, M. de Cointes me répond (et j'en suis fâché pour les MM. les Rochelais) que depuis qu'on a su qu'il étoit un des amis des noirs, il avoit beaucoup perdu dans l'esprit de nos concitoyens, cette façon de penser leur fait honneur, je m'en tiendrai là, car ma bile s'échaufferoit. Il est vrai que j'ai remis sans appareil le don patriotique de MM. les volontaires, j'ai fait comme pour moi, mais aussi comme ils l'avoient à peu près indiqué, les Papiers publics n'en ont pas fait mention, c'est un petit malheur, je leur ai envoyé, samedi dernier, l'extrait de l'article du Registre des dons patriotiques qui justifie la remise que j'ai faite de leur somme…..

Les Députés et tous autres n'empêcheront pas que l'on ne travaille sans relâche à la suppression de la traite et à la liberté progressive des noirs dans les colonies, les anglois s'en occupent sérieusement, au reste j'ai la prétention

---

(1) Charles-James Fox, mort le 13 septembre 1806.

de croire que les anti-amis des noirs nous auront obligation un jour de nos travaux, je ne doute pas non plus qu'ils ne soient couronnés de succès. J'ai fait la connaissance de M. Clarkson (1), jeune homme d'un grand mérite et travailleur infatigable pour le bonheur de notre famille noire, il est accueilli de M. Necker, La Fayette et tout ce qu'il y a de mieux, le Roy a demandé à lire des ouvrages, ce bon prince s'est attendri au récit que lui a fait M. Necker de la triste condition des noirs. La minute après avoir reçu votre billet pour Alquier, je le lui ai remis, moi-même, du moins chez lui..... Je ne vous ai jamais dit que M. de Mirabeau ne dut pas faire une motion en faveur des noirs, mais j'ai récusé l'assertion du député de Nantes, qui avançoit qu'on vouloit laisser les habitants s'en pourvoir chez les étrangers, c'est une indignité, il est tout aussi faux qu'on ait l'intention de faire soutenir la motion par dix mille hommes. Au reste lorsque je vous verrai, je vous dirai tout ce que je sais de la conduite bien louable de plusieurs possesseurs d'habitations à Saint-Domingue........................

Vous savez que les Brabançons ont adressé des paquets au Roy et à l'Assemblée nationale, ils ne sont pas encore décachetés. L'assemblée veut que ce soit le Roy qui les ouvre, le Roy dit-on veut les rendre à M..., un brabançon, on présume qu'ils demandent à être reconnus indépendants. Il est arrivé, dimanche dernier, à Senlis un évènement cruel, un horloger, d'autres disent un arquebusier mauvais sujet, avoit été refusé dans la milice. Ce jour-là on bénissoit les drapeaux, cet homme se met à sa fenêtre,

---

(1) Thomas Clarkson 1761-1846.

tire sur les officiers, en tue trois. On entre chez lui en foule, il descend à la cave, met le feu à des poudres dont il s'étoit approvisionné, la maison saute, vingt-deux personnes sont trouvées brisées sous les décombres et quarante autres sont blessées grièvement, cette bête féroce a été du nombre des morts. Rien de déterminé pour les finances, ce sera aujourd'hui ou demain qu'on donnera connaissance d'un plan émané de tous ceux qui ont été fournis, celui de M. de Laborde a été rejeté..... Je vous ai dit que j'ai répondu à Rasteau relativement aux noirs, vous a-t-il participé ma lettre? Au reste je vous la montrerai...............

DEMISSY.

VIII

Paris, 20 décembre 1789.

Depuis ma lettre du 15, j'ai reçu, mon cher ami, les trois vôtres des 10, 12 et 15. Je n'y ai pas répondu hier, c'est-à-dire aux deux premières, parceque j'allai dès 9 heures du matin à l'Assemblée nationale et que j'y restai jusqu'à 5 heures du soir, c'est une mémorable séance que celle d'hier, mais elle n'a pas contenté tout le monde, vous en jugerez par l'imprimé ci-joint, les Prêtres firent un tapage infernal, ils menacèrent de protester, l'un d'eux s'écria: *Retirons-nous,* tous se levèrent, mais ils furent hués et la cause des Patriotes triompha. La séance fut réellement intéressante.

..... On prétend que l'Aunis ne peut prétendre à faire un département seul, et qu'il faudra que La Rochelle alterne avec quelque autre ville, c'est fâcheux sans doute, mais il faut être juste, au reste il n'y a encore rien de décidé.

J'ai vu M. Alquier relativement à votre mémoire, il m'a assuré qu'il avait été distribué, je tâcherai d'en être plus particulièrement informé. Au reste, mon ami, presque toutes les villes ont réclamé, ainsi il faut croire que l'Assemblée fera une réponse quelconque..... Il est parti un corps considérable de volontaires parisiens pour le Brabant. Un abbé avait tenté de faire sauter, il y a trois jours, le district de Saint-Leu, il a été arrêté. Les milices et municipalités vont être formées, en conséquence tout sera licencié et ce premier corps créé de nouveau, il faudra par conséquent procéder à une nomination d'officiers.

Dy.

IX

Paris, 26 décembre 1789.

Je vous ai écrit, mon cher ami, le 20 de ce mois, aujourd'hui je vais répondre à vos deux lettres des 17 et 19 qui me sont parvenues en temps.....

.... Votre lettre à M. de Mirabeau a été insérée dans la *Gazette nationale*, je ne sais qui vous a rendu ce service, mais je l'y ai lue. Cette feuille est de deux pages in-folio à l'instar des papiers anglais........................

M. de Mirabeau n'a point été arrêté, dans son projet de motion pour les noirs, par la prétendue menace d'un député de Saint-Domingue, bien au contraire, car dans le principe ce devoit être le duc de la Rochefoucauld qui devoit porter cette cause à l'Assemblée et sur le bruit de la menace en question, M. de Mirabeau demanda que la préférence lui fut accordée et si la motion n'est pas encore faite, c'est que le comte, aidé des amis des noirs rassemble les matériaux nécessaires, je sais à quoi m'en tenir, sur cela, étant (moi) très lié avec M. Clarkson, anglois d'un grand mérite, qui donne tout son temps à défendre les intérêts des africains, il a, au surplus, fait une proposition qui prouve la droiture des intentions du Gouvernement anglois, car les négociants anglois faisant la traite font la même objection que les nôtres « que les François leur tendent un piège ». Au reste, mon ami, croyez qu'il est de notre plus grand intérêt de ne pas perdre un instant pour supprimer la traite et améliorer le sort des noirs dans nos colonies, sans cet acte d'humanité, il est à craindre que celles-ci ne tombent incessamment au pouvoir des gens de couleur. Les marchands de noirs paroissent redouter un drame qui va se donner incessamment aux François, l'un d'eux, disoit, il y a quelques jours devant moi que l'acte où il est question de la traite feroit la plus grande sensation, ce qui seroit malheureux si on donnait la pièce dans un port de mer. Il ignoroit que j'étois un ami des noirs..........

Assurez donc tous ceux que Saint-Domingue intéresse que l'on n'a jamais eu l'intention de donner la liberté à tous les noirs à la fois, mais que l'intérêt de ceux-ci et des blancs et encore plus des races futures de ces derniers exige que l'on opère graduellement l'affranchissement de l'espèce noire et voilà le but. Vous me dites qu'on a beaucoup parlé de moi au cercle, relativement aux africains, que m'importe, quand je ne serai animé que de l'amour du bien, rien ne m'arrêtera, plût à Dieu que jamais des considérations déplacées ne m'eussent empêché de faire ce que j'ai regretté et regrette encore de n'avoir pas fait !......................

Je n'oublierai pas vos commissions, j'ai chez moi le portrait du cher La Fayette, mais je vous préviens qu'il n'est pas ressemblant, ce jeune héros n'a pas été peint depuis son retour d'Amérique, il n'a pas eu le moment de donner cette satisfaction à ses admirateurs. Il y a apparence que le divorce sera désormais permis, avez-vous lu l'excellent ouvrage qui paroît sur ce sujet ? Je vous le porterai.

L'Assemblée nationale *a décrété* hier et, au bruit de tous les applaudissements, que les Protestants exerceroient tous les emplois quelconques, civils, militaires, etc. On va s'occuper incessamment des Juifs, on ne doute pas qu'ils ne soient traités comme nous. Les comédiens françois ont aussi réclamé, ils ont écrit à l'Assemblée que si on ne vouloit pas les reconnoître habiles à remplir telle fonction que ce soit, ils quitteroient de suite leur emploi, préférant d'être citoyens.

L'abbé de L'Epée (1) a terminé sa carrière, il y a trois jours. Vous savez que c'est l'instituteur des sourds et muets. On m'a assuré que l'homme au masque de fer était connu. Voici l'histoire qui m'a été racontée. La mère de Louis XIV étoit grosse de deux enfans ; Louis XIV vint le premier au monde, l'autre vint aussi heureusement. On craignit que l'existence de ces deux princes ne donnât lieu à quelque guerre civile, on envoya, de bonne heure, le dernier en Bourgogne, de là il fut transporté à l'âge de...... à...... ensuite aux îles Sainte-Marguerite et

---

(1) Charles-Michel, 25 novembre 1712-1789, 23 déc.

enfin à la Bastille. La chronique rapporte qu'il existe une lettre entre les mains de M... qui justifie cette assertion, lettre trouvée dans les papiers du duc de Richelieu (1)..............

Je fus dimanche dernier chez M. Necker, c'étoit le plus sûr moyen de le voir, il y avoit une cour assez nombreuse, ce brave homme me paroit bien fatigué, il y a un certain chevalier de Ruderige qui l'inculpe, relativement aux grains, d'une manière désagréable, mais je crois cependant que ce sont les aristocrates qui font courir ces bruits défavorables à M. Necker.

Le vicomte de Mirabeau est hors d'affaire, mais on assure qu'il doit se battre avec M. de Liancourt, (2) c'est la suite de quelques verres de vin pris de trop par le vicomte, qui disoit à son frère que c'étoit le seul vice (l'ivrognerie) qu'il lui eut laissé !.................. Dy.

X

Paris, 29 décembre 1789.

Depuis ma lettre du 26, j'ai reçu, mon cher ami, la votre du 22, je n'aurai pas grand chose à y répliquer.... On assure que (3) M. Bailly a donné sa démission de maire (on disoit il y a quatre jours que M. Freteau (4) devait le rem-

---

(1) 1696-1788.

(2) François-Alexandre-Frédéric de la Rochefoucauld Liancourt, né le 11 janvier 1747, mort le 27 mars 1827.

(3) Jean-Sylvain Bailly, né le 15 septembre 1736, décapité le 11 novembre 1793.

(4) Emmanuel-Marie-Joseph-Philippe Fréteau de Saint-Just, né en 1745, décapité le 14 juin 1794.

placer au 1er janvier, du moins est-il vrai qu'on doit procéder à la nomination de la municipalité à cette époque) le bruit s'en est répandu hier au soir.

Il arrive chaque jour des députés de beaucoup de villes pour réclamer les départemens, si notre pauvre ville n'en obtient pas un, je pense, comme vous, que ce sera un coup terrible pour elle, il existe de grandes difficultés et bien difficiles à vaincre.....

On a arrêté la nuit du 25 au 26 M. le marquis de Favras, (1) sa femme, un abbé, et quelques autres personnes qui étoient parvenues à gagner des gardes soldés pour assassiner MM. de La Fayette et Bailly.

M., frère du Roy avoit aussy été accusé d'avoir formé avec M. le marquis de Favras, le projet d'enlever le Roy pendant le séjour que ce monarque s'étoit proposé de faire à Brumoy pendant les fêtes. M. s'en est disculpé samedi dernier, par un discours qu'il a prononcé à l'Hôtel-de-Ville. Dy.

---

(1) Thomas Mahl marquis de Favras, né en 1745, pendu le 19 février 1790.

1789

—

ÉPHÉMÉRIDES

—

Nous empruntons au *précis historique de la Révolution française* de J.-P. Rabaut (de St-Etienne) député à l'Assemblée constituante, l'indication des principaux événements et la table des arrêtés et décrets rendus pendant le cours de l'Assemblée nationale constituante, pour l'intelligence de la correspondance de M. De Missy et nous y joignons des extraits des lettres de M. de Richemond qui la complètent (1). — Députés de la sénéchaussée de la Rochelle : Pinelière, de Malartic, Alquier et Griffon de Romagné.

De Richemond à M. N⁸ Leleu ainé à Amiens. — 3 janvier 1789. — Je ne sais si votre ville ou du moins le Tiers-Etat a fait quelques démarches relatives aux circonstances présentes, ici cette classe de citoyens a présenté une requête à la municipalité qui a fait une délibération en conséquence et le tout part ce soir pour la Cour. Il est bien à désirer que toutes les villes du royaume montrent une énergie unanime et qu'enfin les anciens abus disparaissent.

— *A M. Peltier à Paris.* — 27 janvier 1789. — Votre ami Boscary a fait une motion bien agréable pour le

---

(1) Dans cette table, la lettre A signifie *Arrêté*; la lettre D, *Décret.*

gouvernement. Tâchez, Messieurs, de tenir bon jusqu'à la tenue des Etats généraux et lors de leur assemblée, faites en sorte d'y faire régner la concorde; car autrement, ma foi, gare la débacle !

— *A M. Peltier-Michaud à Nantes.* — 8 février 1789. — Votre brave jeunesse s'est couverte de gloire. Il nous tarde ici d'apprendre son heureux retour à Nantes. Dieu veuille que jamais plus elle n'ait besoin de se déplacer pour pareille cause!

— *A M. Peltier, Paris.* — 14 mars 1789. — Depuis près d'un mois, on est ici presque uniquement occupé des objets relatifs à la prochaine tenue des Etats généraux, M. de Missy entre autres qui se trouve de toutes ces commissions, à peine, a le temps de prendre ses repas. Heureusement que cette besogne tend à sa fin... Nous aurons, lundi prochain, notre grande assemblée pour nommer les députés de l'Aunis aux Etats généraux. Dieu veuille que ce colloque national opère tout le bien dont le royaume a si grand besoin !

— *A M. Peltier-Michaud à Nantes.* — 26 mars 1789. — Les amis de la paix appréhendent que la nomination des députés de votre province ne cause quelque nouvelle rumeur. Il est pourtant bien à désirer que l'harmonie entre les trois ordres puisse rendre sans objet le courage intrépide de votre brave jeunesse. Ici tout s'est passé avec assez d'union. Les députés de Rochefort, ou pour parler plus exactement quelques-uns des N. ont seulement occasionné un peu de scandale en insistant sur l'admission d'un subdélégué (Orceau) et en se retirant tous parce qu'il a été exclu de l'Assemblée d'après le vœu des trois ordres.

— *A M. Dupont* (de Nemours) *député aux Etats généraux à Versailles.* — 20 avril 1789. — Je prends la liberté de vous adresser la présente par M. Alquier, maire de cette ville, député du Tiers-Etat pour la province d'Aunis aux Etats généraux, qui m'a témoigné son extrême désir de faire votre connoissance personnelle. Comme je suis certain que c'est rendre un office agréable à tous deux, je me suis empressé à le satisfaire, persuadé que vous recevrez ma lettre avec bonté et voudrez bien, à ma recommandation, accueillir M. Alquier comme un député fait pour être distingué parmi ses confrères. Vous ne tarderez pas assurément à sentir la justice de cet éloge, dès votre première entrevue et je me persuade qu'elle vous donnera lieu de reconnaître les talents rares, dont il est richement pourvu.

Puissiez-vous, Messieurs, opérer tout le bien que le pauvre peuple désire et attend de votre Assemblée, fixer des bases solides pour l'exacte répartition des impôts reconnus nécessaires, donner avant tout une Constitution au plus beau royaume du monde, en rendre les fondements autant inébranlables que le comporte la nature des choses humaines, délivrer les provinces des tyrans qui les volent ou les oppriment et le commerce des vampires privilégiés qui l'anéantissent ! Puissiez-vous enfin réaliser tous les vœux que formoit pour ses sujets fidèles, ce bon roi, leur idole, le « bien bon ami des Rochelois ! »

5 mai 1789. — Ouverture des Etats généraux à Versailles.

20 mai 1789. — Renonciation du clergé à ses privilèges pécuniaires.

23 mai. — La noblesse renonce à ses privilèges pécuniaires.

20 juin. — Les députés du Tiers se rendent au Jeu de paume et prononcent le serment de ne se dissoudre qu'après avoir donné une Constitution à la France.

27 juin. — Réunion totale des trois ordres.

4 juillet. — D. sur l'admission de six députés de Saint-Domingue à l'Assemblée nationale.

7 juillet. — Une ville de la Saintonge renonce au privilège d'être exempte de la taille.

11 juillet. — Renvoi et départ de M. Necker.

14 juillet. — Prise de la Bastille.

16 juillet. — Arrêté pour demander le rappel de M. Necker. — M. Bailly est nommé maire, et M. de la Fayette, commandant de la milice parisienne.

17 juillet. — M. Bailly, à l'Hôtel-de-Ville présente au Roi une cocarde nationale. — A la Rochelle, le Corps de ville offre la cocarde tricolore au duc de Maillé, gouverneur de la province. On la met à la statue de Henri IV et au portrait du député Alquier.

— *A M. Testulat de Charmières, à Paris.* — 18 juillet 1789. — J'ai quitté Paris, lundi dernier, à une heure après midi dans la plus grande fermentation. Aujourd'hui il nous est arrivé un courrier apportant la relation de la séance royale du 15 qui a un peu calmé les esprits, mais on est tellement défiant que beaucoup de gens désirent des lettres de nos Députés confirmatives du renvoi des troupes. Le bruit court ici que l'on a pendu réellement le commandant de la Bastille et M. de Flesselles, mais ce sont là sans doute des contes.

23 juillet. — La place Barentin de la Rochelle reçoit le nom de Necker.

29 juillet. — Retour de M. Necker. — Il se rend à l'Assemblée nationale.

4 août. — Abolition des privilèges.

5 août. — D. sur la libre circulation des subsistances.

7 août. — M. Necker propose à l'Assemblée nationale un emprunt de 30 millions.

8 août. — Abolition des justices seigneuriales.

9 août. — D. sur l'emprunt de 30 millions à 4 1/2 pour cent.

10 août. — D. pour le rétablissement de la tranquillité publique.

11 août. — D. sur la suppression des privilèges arrêtée le 4 août.

11 août. — Banquet offert par les grenadiers bourgeois de la Rochelle aux grenadiers et chasseurs du régiment de la Sarre.

— *A M. de Rosambourg, à Paris.* — 11 août 1789. — Il est bien heureux que la Providence ait placé M. Bailly à la tête de votre municipalité. Quoique je n'ose me flatter que ce dernier ait conservé quelque souvenir de moi, j'ose vous prier de lui présenter l'hommage de mon respectueux dévouement. Quel rôle superbe a joué et joue encore ce digne et respectable patriote !

13 août. — Le roi agrée le titre de restaurateur de la liberté française.

18 août. — Discussion sur la déclaration des droits de l'homme.

20 août. — Le préambule et les premiers articles de la déclaration des droits sont décrétés.

23 août. — La liberté des opinions religieuses est décrétée.

24 août. — La liberté de la presse est décrétée.

25 août. — Banquet offert par le commerce de la

Rochelle aux grenadiers bourgeois et aux grenadiers et chasseurs du régiment de la Sarre.

26 août. — Achèvement de la déclaration des droits de l'homme et du citoyen.

27 août. — D. sur le remplacement de l'emprunt de 30 millions par un autre de 80 millions, à 5 pour cent, d'après la proposition de M. Necker.

28 août. — L'Assemblée nationale commence le travail de la Constitution.

29 août. — D. sur la libre circulation des grains. — Le Hâvre envoie des blés.

— A M. Peltier, à Paris. — 29 août 1789. — Il s'est passé dans votre capitale des évènements bien intéressants depuis mon départ, vous y aurez sûrement participé et je suis sûr que la Bastille n'a pas été prise sans vous. Ici, comme ailleurs, notre jeunesse s'est formée en compagnies de milices nationales, on s'exerce tous les jours à la marche, au maniement des armes, etc. Nous avons pour commandant général M. de Franquefort, gendre de M. Pelloutier, de Nantes, ancien lieutenant-colonel du régiment de la Reine-Cavalerie. Mardi dernier, notre commerce a régalé le régiment de la Sarre en garnison ici, à une table en fer à cheval de 1237 couverts, à laquelle se trouvèrent nos grenadiers bourgeois et une quarantaine de négociants pour maintenir l'ordre. Tout s'est passé à merveille. Neuf toasts ont été accompagnés de 101 coups de canon.

5 septembre. — D. relatif aux subsistances de Paris.

9 sept. — L'Assemblée nationale est déclarée permanente.

10 sept. — D. portant que le Corps législatif ne sera composé que d'une Chambre.

12 sept. — D. qui fixe à deux ans la durée de chaque législature.

15 sept. — D. sur l'inviolabilité du roi, sur l'indivisibilité et l'hérédité de la couronne.

18 sept. — D. relatif aux dons patriotiques.

21 sept. — D. qui borne le refus de la sanction à la seconde législature.

22 sept. — D. sur l'impression des états de pensions et traitements.

23 sept. — D. sur la gabelle.

25 sept. — D. sur la contribution des privilégiés.

26 sept. — L'Assemblée nationale adopte le plan de finance proposé par M. Necker.

28 sept. — D. qui supprime les droits de francs fiefs.

— *A. M. du Tillet avocat au Conseil à Paris.* — 29 septembre 1789. — Je désire d'apprendre que les commotions de votre capitale aient été sans effets fâcheux pour vous et tout ce qui vous intéresse. Grâce à Dieu, notre petite province a, jusqu'à présent, joui d'une assez grande tranquillité, mais le numéraire se raréfie tous les jours.

30 sept. — D. de quelques articles constitutionnels.

2 octobre. — D. sur le prêt à intérêt.

5 oct. — Acceptation de la déclaration des droits de l'homme et des articles décrétés de la Constitution.

— *A M. Duperré à Londres.* — 6 octobre 1789. — De Missy a eu et a encore beaucoup d'affaires. Nommé premier capitaine des volontaires nationaux de la Rochelle, il a fallu faire journellement l'exercice, bénir les drapeaux, prêter serment, assister à des diners, etc., etc. A présent ses dépêches pour l'île de France par le *Henri IV*, qui a été fort contrarié et ne partira que la semaine prochaine, l'occupent, mais il vous écrira aussitôt qu'il sera débarrassé, en attendant recevez ses compliments. Je vous ai marqué, je crois, que M. de Franquefort avait été nommé commandant général des volontaires, il n'a pas accepté, et c'est M. de Roumefort, gendre de Madame Fleuriau qui l'a remplacé. On dit M. de la Valette au moment de quitter La Rochelle pour aller vivre à Moulins, son pays. L'Intendant ne doit plus reparaître ici. Nos Députés sont, dit-on, à ses trousses.

— *A M. de la Beaume, à Paris.* — 10 octobre 1789. — Les lettres de Versailles du 5 au soir et du 6 au matin ont causé beaucoup d'émoi ici. Quelques personnes à la vérité assurent que tout étoit fini au départ du courrier de Paris le 6, mais cela n'a pas tranquillisé tout le monde. Vos concitoyens sont devenus faciles à prendre la mouche. Dieu veuille qu'enfin le calme renaisse tout à fait et que vos boulangers parviennent à se mieux fournir de farines. Il est bien inconcevable que toutes vos provinces voisines ayant eu une belle récolte, la capitale se trouve si mal approvisionnée.

— *Au même.* — 26 octobre 1789. — Il est fort heureux que la Providence ait démasqué les traîtres et surtout que notre bon Roi ne se soit pas laissé entraîner à Metz. Recevez mille remerciements de tout ce que vous avez la bonté de me détailler. Rien ne peut m'être plus intéressant. — Il est bien à désirer que la présence de l'Assemblée nationale fasse renaître à Paris le calme et la paix. Si vous êtes à portée de me transmettre des renseignements sûrs touchant la manière dont se conduisent nos quatre Députés, je vous serai très obligé de me les transmettre, ce sont MM. de Malartic, Pinnelière, Griffon, Alquier. DE RICHEMOND.

6 oct. — D. sur l'inséparabilité de l'assemblée du Roi.

7 oct. — D. sur l'uniformité des contributions ainsi que sur leur durée.

8 oct. — D. concernant les députés du commerce.

12 oct. — D. pour la translation de l'Assemblée nationale à Paris.

18 oct. — A. sur l'abolition du costume des députés.

26 oct. — D. qui surseoit à toute convocation d'assemblées de provinces et d'états.

27 oct. — D. qui exclut les banqueroutiers de toute fonction publique.

28 oct. — D. provisoire sur les vœux monastiques.

31 oct. — Discussion sur les biens ecclésiastiques.

1ᵉʳ novembre. — Suppression à la Rochelle de la procession générale qui rappelait la réduction de la ville par la famine en 1628.

2 nov. — D. sur les biens ecclésiastiques.

3 nov. — D. concernant la vacance des Parlements.

4 nov. — D. sur l'acceptation des décrets. — Une députation d'évêques se présente chez le roi pour demander qu'il soit défendu de jouer *Charles IX*.

7 nov. — D. pour exclure les membres de l'Assemblée nationale du ministère.

9 nov. — D. sur la présentation et sanction des lois.

10 nov. — D. au sujet d'un arrêté séditieux de la Chambre des vacations de Rouen.

12 nov. — D. qui arrête, sur la demande du roi, les poursuites commencées contre elle.

13 nov. — D. sur les déclarations des titulaires de bénéfices.

14 nov. — D. sur les bibliothèques et archives des monastères. — M. Necker présente à l'Assemblée un plan de banque nationale.

16 nov. — D. qui abolit les provisions des offices de judicature et du centième denier.

17 nov. — D. sur l'arrêté séditieux du Parlement de Metz.

18 nov. — D. sur les assemblées primaires et électives.

19 nov. — D. concernant l'administration des départements et des districts.

20 nov. — Offrande des boucles d'argent par les députés.

28 nov. — D. sur l'exhibition et l'impression des états de finances.

30 nov. — D. qui porte que l'île de Corse fera partie de l'empire français.

2 décembre. — D. sur les fonctions provisoires des municipalités actuelles.

9 déc. — D. provisoire sur l'organisation des départements.

11 déc. — D. pour la conservation des bois et forêts.

14 déc. — D. sur la constitution des municipalités.

16 déc. — D. sur la conscription militaire.

19 déc. — D. relatif à la caisse d'escompte et à la création d'assignats territoriaux pour la somme de 400 millions.

24 déc. — D. concernant l'éligibilité des non-catholiques.

26 déc. — D. concernant la contribution patriotique.

28 déc. — D. concernant la juridiction des municipalités.

31 déc. — D. sur un prix fondé en faveur des cultivateurs laborieux.

Typ. A. SIRET. — La Rochelle.

www.ingramcontent.com/pod-product-compliance
Lightning Source LLC
Chambersburg PA
CBHW060541050426
42451CB00011B/1792